£2.95

D. C. THOMSON & Co. Ltd., GLASGOW : LONDON : DUNDEE

WHAT'S IN THAE FAMOUS DUNGAREES..?

A piece o' string, a crumpled "Dandy",
A safety-pin — it comes in handy!
His favourite pop star's photograph,
A fitba' player's autograph.

Twa bools, a lucky rabbit's foot,
A broken lace from his auld boot.
A joob-joob and a torn hankie,
The wee key from his empty bankie.

Some chewin' gum a' grey 'n' sticky,
The crumbs from last week's chocolate biccy.
A conker and a spinning top,
Some foreign stamps tae dae a swop.

A chunk o' cheese for his wee moose,
A jam tart smuggled from the hoose.
The "insides" o' his auld bike bell,
But best o' a', the lad himsel' —

OOR WULLIE

Printed and Published in Great Britain by D. C. THOMSON & CO., LTD., 185 Fleet Street, London EC4 2HS.
ISBN 0-85116-491-9.

A frosty day means frozen ground —

And trouble for a hungry hound!

Sno' fun for Wullie when —

Ma shuts the door again!

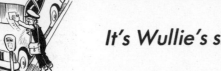

It's Wullie's shape and Wullie's size —

And it gives Pa a big surprise!

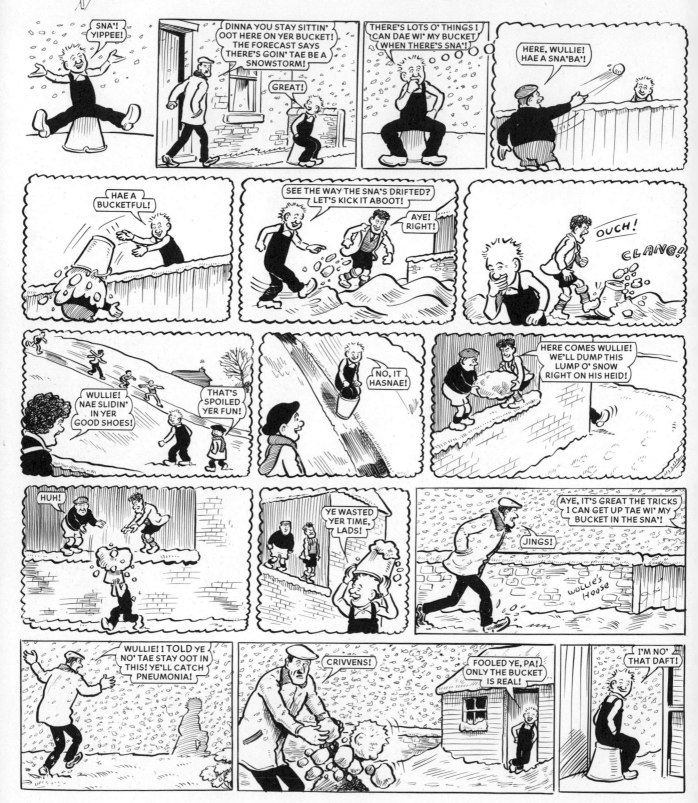

There's somethin' funny goin' on here —

See Wullie's face fill fowk wi' fear!

Oor Wullie's robot walks and talks —

And gives his chums some nasty shocks!

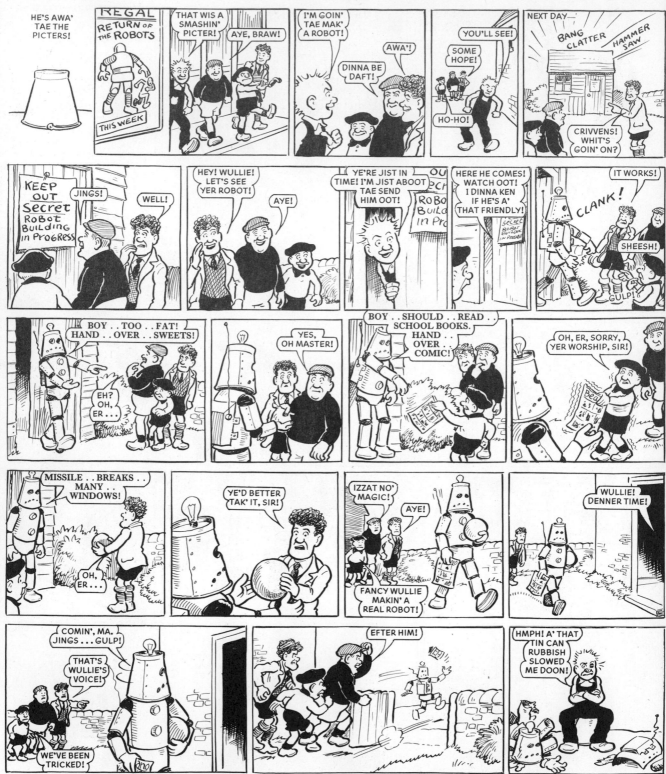

Oor Wullie's in a proper fix —

When Ma hears he's "bin" up tae tricks!

What's the answer tae this riddle —

Why's he tryin' tae hide that fiddle?

Is Oor Wullie REALLY daft —

Tryin' tae mak' his bucket saft?

. . . but naebody can match —

Oor Wullie's winnin' "catch"!

This wee hoose, built in a tree, —

Is just the job, as you'll soon see!

Wullie's got a grand wee "chum" —

Tae stop a hedgehog feelin' glum!

So THAT'S how this game —

Got its name!

When it comes tae central heatin' —

Pa's got a scheme that tak's some beatin'!

He's on his own —

But he's not alone!

A problem? Ach, trust you-know-who —

See how he gets his message through!

First he's freezin', then, guess what —

That's right, oor laddie's bilin' hot!

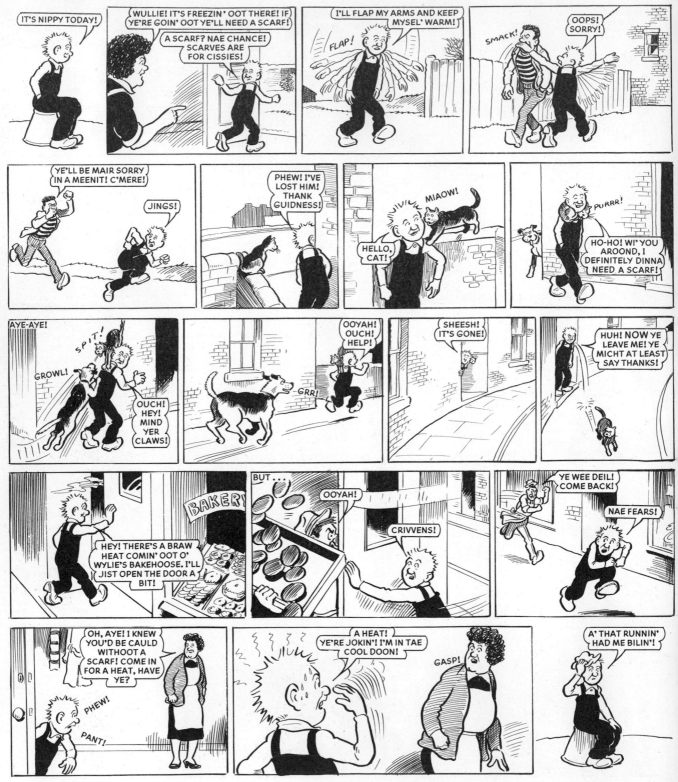

These fowk are like their pets, it's true —

And Wull's exactly like . . . guess who!

Wi' a peep-peep here, and a toot-toot there —
He's causin' chaos everywhere!

They're the ugliest faces ye've ever seen —

Then up pops puir auld Grumpy Green!

Help m' Boab! Here's your chance —

Tae see Wull dae a Cossack dance!

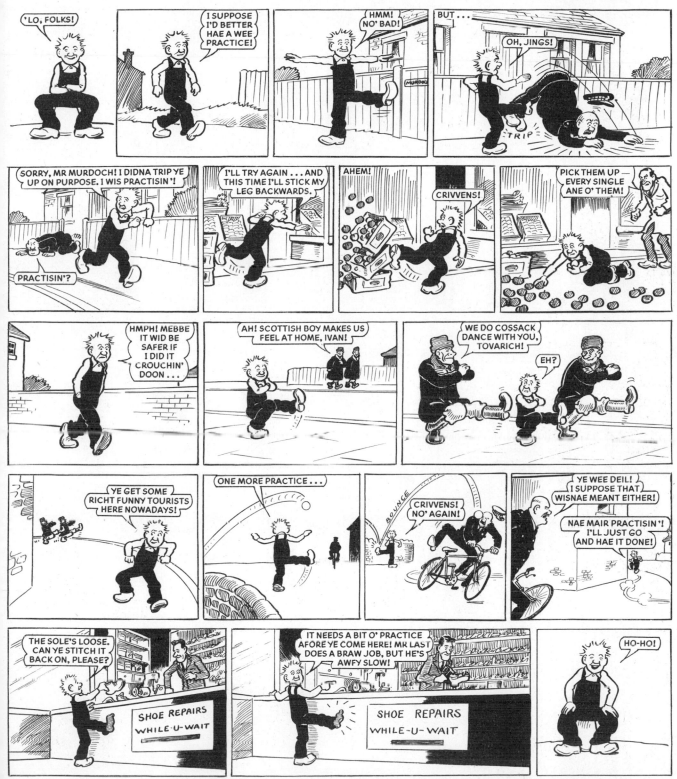

Wull thinks he'll spread a little cheer —

But then see HIS smile disappear!

The puzzle o' a woolly knot —

Whatever has oor chum forgot?

Three LASSIE playmates? Aye, that's right —

Puir lad, it's no' a pretty sight!

It's no' half a hoot —

When he fancies some fruit!

After Wull's dare-devil stuff —

He thinks this race is far too tough!

Here's Wullie up tae funny biz —

Gettin' mair fowk in a tizz!

Wullie thinks his bike is braw —

But that view isnae shared by Pa!

Now this tourist is impressed —

Ma's TARTAN food sure is the best!

At the end o' a' this jokin'—

Guess wha gets a soakin'!

At just 5p a visit —

This gym's just great — or is it . . .?

There's somethin' strange afoot —

Wi' Wullie's wellie boot!

Help m'Boab, here's a funny sight —
You'll laugh a' day at this wee knight!

Poor wee Wullie's driven batty —

Tryin' tae hide his faithful catty!

Things look black —

When he gets the sack!

Danger for Soapy? So it seems —

But Wullie's got some crafty schemes!

There's trouble brewin' for oor chum —

Wi' semaphore and jungle drum!

Panic stations! Great dismay! —

Auntie Maisie's on the way!

This search for peace an' quiet —

Ends up mair like a riot!

Jobs galore! It seems he's fated —

Nae wonder he's eggs-asperated!

Here comes Wullie doon the street —
The smallest bobby on the beat!

See Oor Wullie, as good as gold —

Doing EXACTLY as he's told!

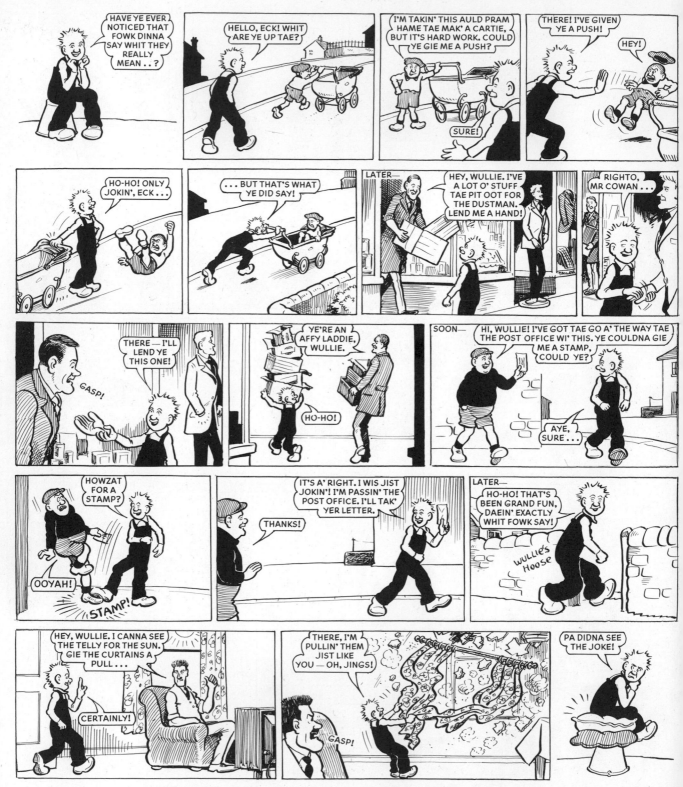

Hang on a tick and you'll soon see —

Just why Wee Eck's stuck up this tree!

Ready, steady —

Ho-ho-ho!

A birthday box —

Gives Pa big shocks!

Pa lends a hand, but jings, he's fly —

There's mair tae this than meets the eye!

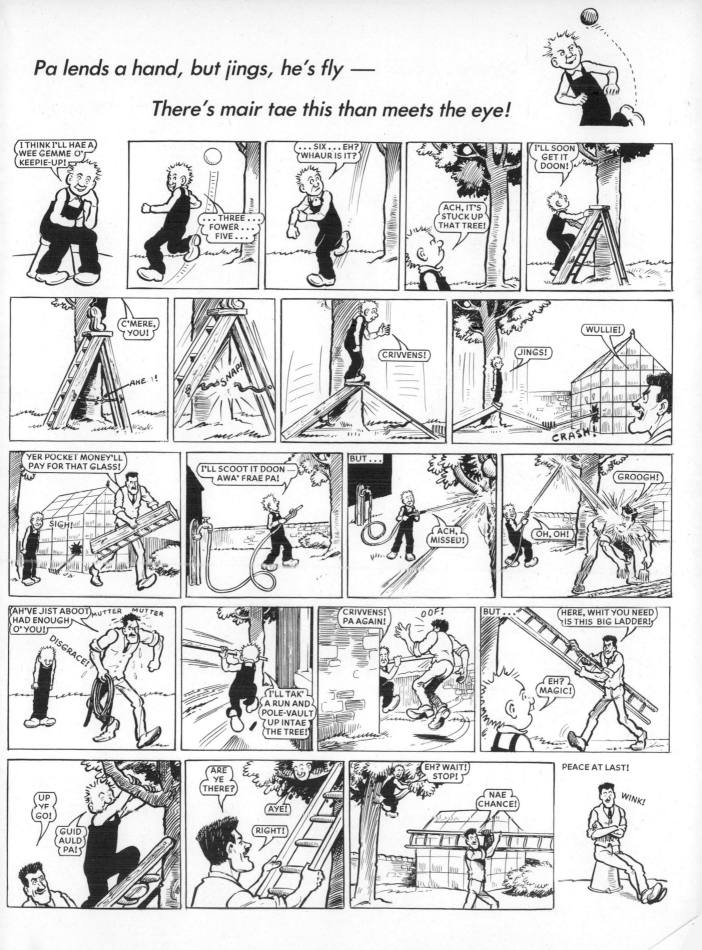

Wullie thinks that life's just dandy —

He's found out that gloves are "handy"!

Wull fills his three pals with dismay —

But "sweet" revenge soon comes their way!

Mair laughter hoots —

Wi' his new boots!

Oot comes a' the sun-tan gear —

But his sunny smiles soon disappear!

He'll mak' ye laugh —

No' ha-ha-half!

Here comes the good news (and the bad!) —

Everybody knows oor lad!

Nae wonder he ends up complainin' —

He's drookit when it ISNAE rainin'!

It isnae half a hoot —

When this goalie gets the boot!

Oor laddie's filled wi' jubilation —

When he gets "inside" information!

A free tuck-in? By jings, that's great —

Oor Wullie's tickled pink! But wait . . . . !

Oor Wullie thinks he's smart, and how —

But he's got tae face the music now!

You'll soon see why —

He WANTS a black eye!

Nae wonder Wullie disappears —

When barber Pa brings oot thae shears!

Drum an' squeeze-box, bagpipes, too —

Whit a din from you-know-who!

Tam's big, Tam's tough —

But he's no' smart enough!

Heap big fun —

Wi' the eagle-eyed one!

Despite all Wullie's ploys an' wheezes —

He's still driven daft by breezes!

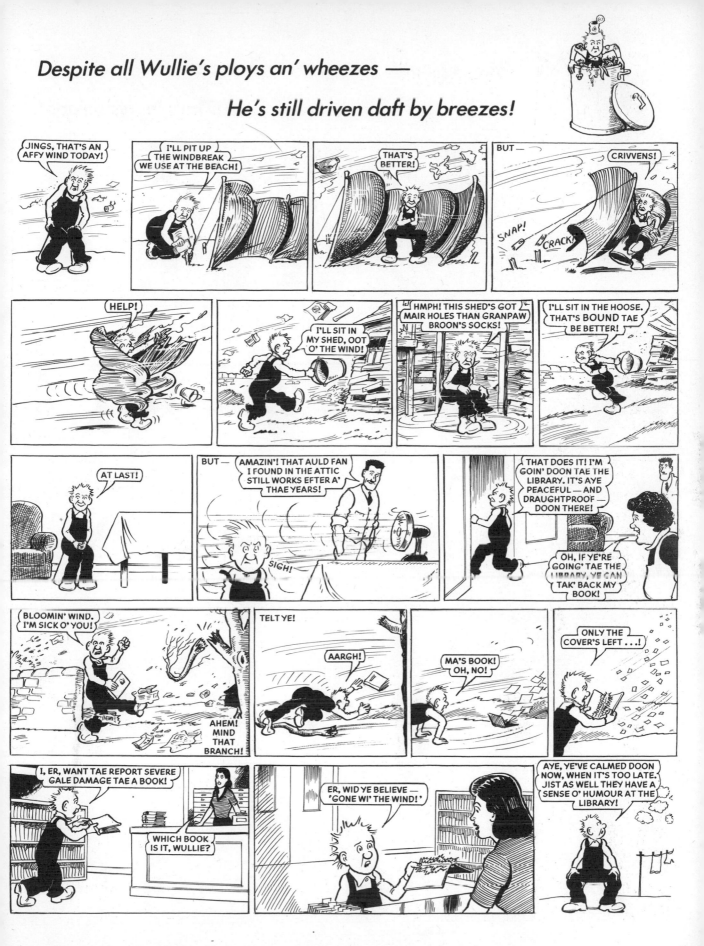

There's trouble here. He can't escape —

But soon he's GLAD he's in this scrape!

Wull's homework gets him in a tizz —

Till he tries oot some monkey biz!

Wullie soon comes unstuck —

When he's "dogged" by bad luck!

Here's something that should not be missed —

Oor Wull, the great ventriloquist!

When it comes tae bein' a menace —

Wullie's jist anither Dennis!

Oor laddie's big mid-air collision —

Stops him seein' television!

Nae wonder Wullie's lookin' "pail" —

"My bucket's vanished!" hear him wail.

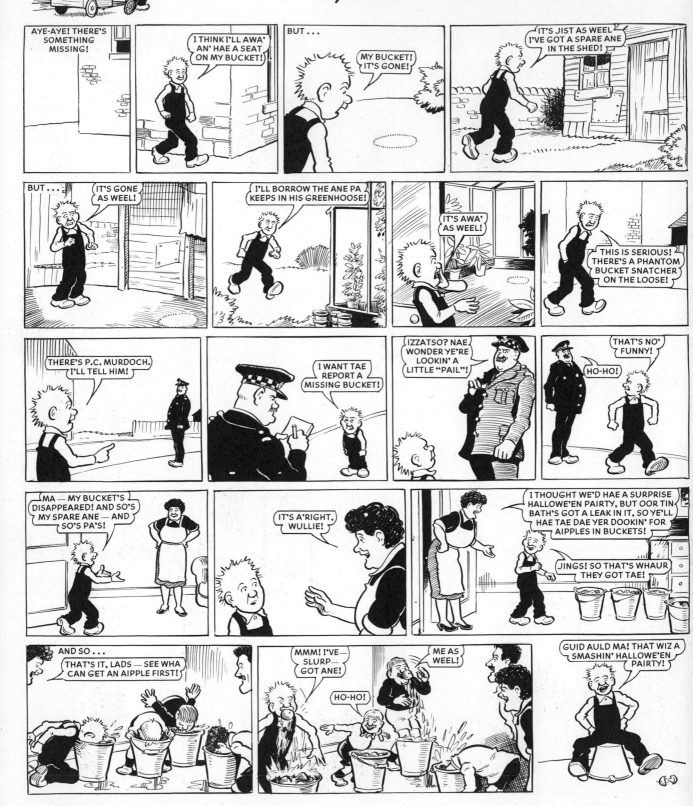

Tricks wi' elastic —

Can be pretty drastic!

See these posters do their worst —

Too bad Wull didn't read them first!

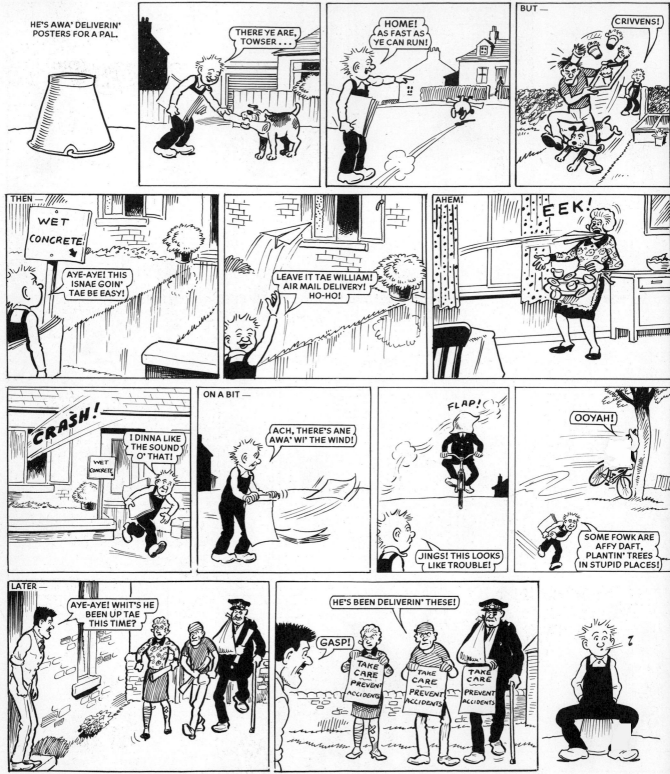

Arrested? Marched aff tae the clink?

That's whit fowk are goin' tae think!

Stand by for shocks galore —

When Prannie Pond is frozen o'er!

It seems that Wullie's due a whacking —

But he cheers up when Pa gets "cracking"!

Nothin' goes as Wullie planned —

Till Ma decides tae lend a hand!